AF375524

Bibliografische Information der Deutschen
Nationalbibliothek:

Die Deutsche Nationalbibliothek verzeichnet diese
Publikation in der Deutschen Nationalbibliografie;
detaillierte bibliografische Daten sind im Internet
über dnb.dnb.de abrufbar.

Korrektur & Lektorat: Julia Palmer, Victor Marnetté,
Paulina Tsvetanova

Coverdesign: Alena Krcova-Hurban

Satz: Claudia Mohr

Herstellung und Verlag:
BoD – Books on Demand, Norderstedt
ISBN: 9783759750587

Paulina Tsvetanova

Aurelias Traumwelten oder die Flucht in die Realität

Ich sehe mich im Traum als hundertjährige Frau, die auf dem Sterbebett liegt und alles vergessen hat. Es ist 2083, kurz vor Weihnachten. Meine große Liebe ist an meiner Seite. Er liest mir aus meinem Traumtagebuch vor. Damals hatte ich alles, was irreal war, wovon ich tagsüber oder meist nachts träumte, konsequent aufgeschrieben. Oft waren es prophetische Träume. Ich habe leider alles vergessen, was ich erlebt habe. Irgendwann stockten meine Träume. Ich weiß nicht warum. War ich zu alt geworden oder war meine Welt plötzlich in Ordnung? Daher liest meine große Liebe mir nun meine Träume vor. Wie kann man denn überhaupt vergessen, wovon man jemals geträumt hat? Ich habe die Kontrolle komplett abgegeben und schwebe nun mit dem Geist in der Ewigkeit. Anscheinend liege ich im Sterben. Es ist alles so schön leicht, es gibt keine Angst, keinen Groll, keinen Widerstand. Ich freue mich auf den Tod, wenn es so etwas wie Tod überhaupt gibt. Er erinnert mich an alles, was ich vergessen habe, auch an die Realität. Wir haben drei Kinder, ein Zwillingspaar (Junge und Mädchen), ein Adoptivkind, zwei Hunde und eine Katze. Wir leben in Plovdiv, Bulgarien, inzwischen herrscht dort ein subtropisches Wüstenklima. Es ist immer noch die älteste Stadt Europas, dazwischen ragen futuristische Gebäude. Die Menschen haben verlernt, miteinander zu sprechen. Eigentlich ist die Sprache überflüssig geworden. Sie unterhalten sich fast nur mit Zeichen, Blicken oder Energieübertragung. Gibt es sie noch, die echten Menschen hier auf diesem Planeten oder nur noch unechte Träume? Die Liebe ist geblieben. Aber was kommt, nachdem der letzte Traum gelebt wird?

Deine Aurelia

Als ich fast das Leben verpasste

Ich fuhr im Zug nach Berlin, mit Umstieg in einer Stadt, die ich nicht kannte. Darum habe ich verpasst auszusteigen. Ich übersah die Zwischenstation, in der Hoffnung, dass eine ähnliche Zwischenstation kommen würde, die doch die richtige wäre. Ich fuhr weiter mit meiner ganzen Familie, sie war im Zug verteilt.

Ich musste mich sammeln. Ich hatte mehrere Rucksäcke, Unterlagen und Krimskrams an verschiedenen Stellen verteilt. Ich hatte mich schließlich gesammelt und wartete auf die Zwischenstation, um in den Anschlusszug mit dem Ziel Berlin zu gelangen. Hatte Angst, den Bahnhof verpasst zu haben oder falsch auszusteigen und allein am Bahnsteig meiner Familie hinterherzutrauern.

Letztendlich gab ich es auf und wartete nicht mehr auf den Stopp, sondern genoss die Fahrt. Mein Gepäck war gesammelt und nah an der Tür, damit ich schnell aussteigen könnte, falls die richtige Zwischenstation kam. Ob ich dort den Anschluss bekommen würde, war mir nicht klar, ich habe es dem Zufall überlassen. Ich vergaß auszusteigen, weil ich auf die Familie im Zug fokussiert war und auf die Gespräche mit den Mitreisenden. Ich vergaß meine Zwischenstation, mein Endziel und mein Gepäck. War aber glücklich im Moment. Unglücklich hat mich nur die Angst gemacht, dass ich keine Zeit hatte, mich zu sammeln, dass ich in der

Fremde nachts allein auf einen Zug nach Berlin warten würde, unwissend, ob er überhaupt kommen würde.

In einer Parallelwelt passt die Kleidung nicht immer zum Wetter da draußen

Traum vom 10.10.2018

Ich lief allein durch eine Großstadt, es war meine Geburtsstadt Plovdiv. Das Wetter war sehr schön und ich verglich mich mit den anderen Passanten – wer wie angezogen war oder wie braun gebräunt. Ich schlenderte ohne ein bestimmtes Ziel und plötzlich bemerkte ich, dass ich, aus welchem Grund auch immer, mir eine schwarze Strumpfhose angezogen hatte, die ich erst in diesem Moment an meinen Beinen entdeckte. Ich hatte sie aber nicht richtig angezogen, sondern nur an einem Bein. Ich sehe aus wie eine Pennerin, dachte ich. Sie passte auch nicht zu meiner restlichen Kleidung. Ich beschloss, sie auszuziehen und mit nackten Beinen fortzugehen. Habe mich hingehockt und sie in aller Öffentlichkeit ausgezogen. Plötzlich wurde das Wetter schlecht. Ich dachte mir, warum das ausgerechnet jetzt, wo ich gerade die Strumpfhose ausgezogen hatte. Und wenn das Wetter hier genauso scheiße ist, dann sollte ich zurück nach Deutschland, dann macht es keinen Unterschied hier zu sein, nur dass hier alles so arm ist. In der Ecke lagen Straßentiere, ein Hund und zwei Katzen, schlafend und ineinander gekuschelt.

Plötzlich entdeckte ich eine Tür mit einer kleinen engen Treppe, die nach unten führte. Es war sehr hell dort unten. Ein Käfig in Form mehrerer verbogener Gabeln glitt über meinen Kopf und um meinen Körper und fesselte mich. Als ich die einzelnen Stufen hinunter gehen wollte, bewegte der Käfig sich überraschenderweise mit. Er öffnete sich nur kurz, damit ich kleine, langsame Schritte gehen konnte, das erlaubte er mir. Als ich die komplette Treppe hinuntergelaufen war, sah ich, dass ich gar nicht allein da war. Ein Modegeschäft, das ich schon seit dem vorigen Jahr kannte, war immer noch da. Die Einkaufstüten hatten eine ähnliche Form wie meine in Berlin, nur waren sie in Gold und Silber. Die Mode gefiel mir sehr gut, ausgefallene Einzelstücke, teilweise in schwarz, seltsam, eigentlich mag ich kein Schwarz. Zu meiner Überraschung war meine Zwillingsschwester auch da unten. Sie wollte sich mit mir weiter umschauen und einzelne Teile anprobieren.

Ein fremder Mann erschien plötzlich, er sagte zur Verkäuferin: „Meine Frau ist irgendwo hier beim Frauenarzt. Welche Tür ist das?"

Die Verkäuferin zeigte dem Mann den Weg zur Frauenarztpraxis, die einige Türen weiter versteckt war. Sie drückte dem Mann ein Foto von dem Baby in die Hand, das er zwischenzeitlich bekommen hatte. Wahrscheinlich in der Zeit, als er nicht da war und die Frau beim Frauenarzt lag.

Dann kam mir der Gedanke, dass meine Zwillingsschwester auch ein Baby hatte. Und ich wurde traurig, weil ich das Gefühl hatte, dass Mama gleichzeitig gestorben war und das große Glück gar nicht mitgekriegt hatte. Mama musste sterben, damit meine Schwester ein Baby kriegt, dachte ich, warum nur. Eine tiefe Trauer überkam mich. Also muss Papa sterben, damit ich auch ein Baby kriege?

Wir shoppten weiter und irgendwann kamen wir über einen anderen Ausgang hoch ans Tageslicht. Zu unserer großen Überraschung war das Wetter wieder gut und Mama wartete auf uns, als hätte sie gewusst, wann wir wieder rausgehen. Ich war erleichtert, sie war da. Sie hatte uns Klamotten vorbereitet, für jede von uns ein schönes Outfit, wie sie es immer machte, als wir Kinder waren. Für jede von uns unterschiedliche Farben, aber im gleichen Stil, auf dem einen Arm trug sie die Kleider für die eine, auf dem anderen Arm für die andere. Wir wussten, welches für welche bestimmt war. Das Wetter war wieder sonnig und schön.

Manche Menschen wollen ihre Talente einfach nicht annehmen

Traum vom 17.10.2018

Ich und meine Zwillingsschwester waren zusammen, aber getrennt von unseren Eltern. Sie hatten sich gerade hingelegt und erholten sich im anderen Zimmer, in unserem ehemaligen Kinderzimmer in der alten Wohnung. Bei meiner Mutter gab es eine andere Frau, die über ihrem Kopf hing und sie ankuschelte. Das Kinderzimmer war hell, weiße Bettwäsche. Ich hatte das Gefühl, sie zu stören. Endlich waren die Gäste weg und sie konnten sich ausruhen. Das waren doch nur wir gewesen.

Nun wir beide im anderen Zimmer, im ehemaligen Wohnzimmer, es war dunkel. Wir waren da allein. Versuchten uns auch zu entspannen. Ich spitzte für meine Zwillingsschwester kleine, fast kaputte Bleistifte an. Ich verstand nicht warum, sie waren doch benutzt. Die Tüte mit den Bleistiften war fast komplett voll, oben offen. Ich hielt sie zu, damit sie nicht rausfielen. Ich machte sie darauf aufmerksam, dass es im Schrank links unten neue, helle, unbenutzte gab. Sie waren dort versteckt, aber sie wollte sie nicht haben. Warum? Was brachte mir das Anspitzen, wenn die Bleistifte fast verbraucht waren. Sie trug ein altes braunes Kleid aus der Vintage-Kollektion, es war aber gar nicht mehr meins.

Man muss aussteigen, um wieder einzusteigen.

Traum vom 20.10.2018

Ausstellungsräume, zwei Etagen ganz oben und ganz unten, viele Menschen, vor allem viele ältere. Einige, die den Krieg erlebt hatten, hatten exotische Dinge und Raritäten mitgebracht, wie in einer Wunderkammer: Schneckenhäuser, diese kleine Tiere waren damals noch am Leben, präpariert. Schön geordnet, sortiert, vielleicht zu medizinischen Zwecken? Jetzt war es Kunst.

Jeder zeigte seine Schätze. Portraits von Frauen mit Brustkrebs, die ein gesundes Kind auf dem Arm hielten. Erschreckend.

Meine Klamotten wurden belagert von den meisten Frauen, sie wollten alle stöbern. Ich wusste nicht mehr, wer was genommen und anprobiert hat. Da war jemand wichtiges, der anwesend war, der sich im Radio beschwert hat, wie chaotisch alles war.

Hatte vollkommen die Kontrolle verloren über meine Dinge und die Funktion, die ich hatte. Ein Gefühl von Fremdbestimmung und innerer Zerrissenheit überkam mich, ich diente, räumte auf zwischen dem ersten und dem zweiten Stock, bespaßte die Leute, letztendlich durfte ich niemanden enttäuschen. Ich wollte mich sammeln, konnte aber nicht.

Auf einmal war ich allein auf einem großen freien Feld. Eine Mischung aus exotischen Pflanzen und Plattenbauten, viele freie Flächen, einige sehr moderne Bauten. Ein kleiner Roma-Stadtbezirk dazwischen. Ich musste aufpassen, dass nichts von meinen Sachen verschwindet, hatte Ohrringe verloren. Eine alte Romni machte mich mit ihrem kontrollierenden Blick darauf aufmerksam, sie war streng und kritisch.

Ich wollte auf die Toilette, konnte aber nicht, fühlte nur Angst und Anspannung. Als Kind bin ich einmal zu einer Romni gegangen, die eine Magie zerstört hat, dachte ich.

Ich fuhr dann mit einem Taxi weg, schade um den schönen Park da und die Landschaft. Ich lag hinten im Taxi, der Sitz war rückwärtsgewandt, also lag ich mit dem Kopf zum Taxifahrer und mit den Füßen an der Heckscheibe, genauso kam ich zur Welt. Die Fahrt war wie eine schöne Achterbahn, ich musste mich anschnallen. Wir fuhren auf glasklaren weißen Oberflächen, alles neu, modern, futuristisch, hoch und runter. Dann bin ich zurück zum Ausstellungsort und habe angefangen alles zu sortieren. Ich hängte die Kleidung von beiden Stockwerken auf eine Stange. Die Leute wurden immer weniger.

Von den Achterbahnfahrten, auf denen du deinen Schatz findest

Traum vom 20.11.2018

Ich war zu Gast irgendwo, um mich herum lauter Schweizer, es war eine Party, sehr unterhaltsam und lebendig, ständig neue Leute in meinem Umfeld. So etwas wie ein Restaurant. Musste dort übernachten. Ich hatte meine Sachen in einen schwarzen Koffer gepackt und ihn versteckt. Ich hatte ihn über die Mülltonnen an eine Gitterwand gehängt, so dass keiner drankommt.

Am nächsten Morgen hatten alle ihr Gepäck, nur ich nicht. Ich habe während der Unterhaltung fast vergessen, dass ich ihn suchte. Ein Kellner hat in einem Nebensatz gesagt, dass ein schwarzer Koffer gefunden wurde, allerdings an einem anderen Ort. Er gab uns Hinweise: Er sei zwar „beklaut", aber noch heil.

Ich machte mich mit einem der Gäste auf die Suche nach meinem Koffer. Er war sympathisch, aber nicht ganz mein Typ, war jünger als ich, wusste nicht, was er will. Wir waren in einem kuriosen Bus mit offenen Fenstern, ein altes Vintage-Modell. Ich saß ganz hinten, er an meiner Seite in einer Reihe quer zu meiner. Es gab keinen Fahrer. Der Bus fuhr von allein, hoch und runter durch kleine Gassen. Ich hatte die ganze Zeit Angst, dass wir einen Unfall bauen würden. Er fühlte genau das Gegenteil und schlief fast ein. Wir waren auf einer südlichen Insel, der Himmel war bedeckt, aber warm.

Auf der Fahrt trafen wir meinen Freund, der dem anderen Mann deutlich machte, dass ich seine Freundin sei. Aber warum kam er dann nicht mit? Er hatte den Anspruch, aber ließ mich allein den Schatzkoffer suchen, mit einem anderen Mann. Ich wusste nur, dass der Koffer oben auf einem Berg begraben, aber heil war, und dass die wertvollsten Dinge noch drin waren. Parallel kam das Bild meiner Heilpraktikerin hoch, ich war sehr verwirrt und durcheinander, denn ich hatte eine Impfung bekommen, die gut gegen Erkältung im Winter sei. War aber nicht das, was ich eigentlich suchte.

Arschengel

Traum vom 28.11.2018

1. Teil: Vom Weiten sah ich einen schwarzen Mann mit einer braun-beigen, dicken Schlange auf den Schultern. Ich machte einen Riesenbogen um ihn wegen der Schlange. Gerade hatte ich mich an eine Brüstung mit dem Rücken zu ihm angelehnt. Ich spürte wie er mir nahe kam und was tat er – er legte die Schlange auf meine Schultern! Ich sollte sie auf meinen Schultern tragen. Sie war sehr schwer, aber warm, anschmiegsam und mehr beschützend als beängstigend. Ich erstarrte trotzdem, war nicht mehr ansprechbar. Dann nahm er sie wieder hoch. Als würde er mir zeigen wollen, dass es keinen Grund gab, sich zu ängstigen.

2. Teil: Meine Hündin und ich in einem dunkelschwarzen Raum allein. Wir beide waren eine Einheit und haben uns umarmt wie zwei Menschen und sind verschmolzen.

3. Teil: In meiner Galerie war viel Trubel. Ein Riesentisch und Stühle, die haben wir in einen Kreis geordnet. Für wen haben wir das vorbereitet? Ich hatte Stress und wollte, dass alles ordentlich und pünktlich fertig wird. Ein verrückter Künstler kam mit seiner Truppe zu Gast, ihm hatte ich versprochen, umsonst auszustellen. Er erwartete aber auch, bei mir umsonst zu nächtigen. Das passte mir gar nicht. Die Lichter im Vorderraum waren kaputt. Plötzlich schienen sie doch. Irgendwann teilte

Essen ist Leben ist Liebe

Traum vom 04.06.2019

Ich war mit meiner Familie in einer alten, wunderschönen Villa irgendwo in Belgien (Gent?). Hohe Wände, verschnörkelte Elemente, atemberaubender Schick, unglaublich viel Platz. Wir waren zu Gast. Beim Essen haben Mama und Papa zu schnell gegessen und alles weggeräumt, so dass ich hungrig blieb. Ich suchte nach dem Essen, es war weg. Alle anderen waren satt und ich nicht. Ich habe mich allein auf dem Weg gemacht und bin durch den dunklen Hügel runter zu mehreren Restaurants. Da gab es zwar vieles zu essen, aber ich wollte das Essen von meinen Eltern, das sie irgendwo versteckt hatten. Ich wollte mich nicht anstellen und warten für ein anderes Menü. Dann sah ich sie alle wieder und sie haben mir gezeigt, wo das Essen war. Ich schimpfte mit ihnen und bin satt geworden. Ich hatte einige Banknotenscheine (fünfundvierzig Euro) in meinem Geldbeutel in der alten, wunderschönen Villa. Sie waren doch so viel wertvoller als der Wert, der da darauf stand. Damit musste ich jemandem etwas bezahlen und ich zögerte. In dem Moment erkannte ich den Wert meiner Banknotenscheine. Sie waren anders als die anderen. Ich sah noch einen Schmuckkasten mit wundervollen Schmuckstücken und Steinen. Musste ich sie alle abgeben? Zusätzlich fand ich eine große versteckte Münze auf dem Boden, sie war aus meinem Portemonnaie rausgerollt. Ich ging den Berg hoch zusammen mit meiner restlichen Familie.

Ein einzelner Flügel unter der Decke versteckt

Traum vom 08.09.2019

Ein Tag nach dem Unfall in der Ackerstraße, Ecke Invalidenstraße in Berlin-Mitte, wenige hundert Meter von meiner Galerie entfernt, waren wir vor Ort, um den Todesopfern zu gedenken. Eine Frau hatte ihr Kind im Alter meiner Nichte und ihre Mutter vor ihren Augen verloren. Ich habe ein blaues Plüschtier verschenkt, es soll die Seele des Kindes und seiner Oma beschützen. An dem Unfallabend wollten wir eigentlich direkt dort um die Ecke essen gehen, dann wäre ich wieder so nah am Todesgeschehen gewesen. Bevor ich ins Bett ging, habe ich plötzlich Angst bekommen, dass ich bei der versuchten Vergewaltigung schwanger werden geworden sein könnte. Meine Tage verspäteten sich nun einen Tag, das kam sonst nie vor. Nackte Panik erfasste mich bei der Vorstellung, dass ich nun bei diesem blöden Umstand plötzlich und zufällig schwanger wäre, dass ich abtreiben müsste, wenn ich mich zwischen meinem Freund und dem Kind entscheiden müsste. Ich will kein Kind von einem Mann, den ich nicht liebe.

Ich träumte, dass ich träumte. Ich befand mich mit meiner Schwester und unseren Eltern in einem riesengroßen, stufenweise gebauten Haus. Rein äußerlich sah es sehr luxuriös aus, sehr geräumig, viele Räume, die gar keine Funktion hatten, zum Beispiel mehrere Bäder mit vielen Ecken, aber ohne Badewanne oder Duschkabine oder Toilette. Ich hatte die ganze Zeit das Gefühl von Leere, Verlassensein und Verwüstung. Was machte ich bloß da? Man fühlte, dass hier das Leben komplett fehlte. Das Haus wurde uns als schicke Ferienwohnung vermietet. Mir fiel ein, dass ich um halb acht morgens mit dem Zug nach München musste. Und von dort aus nach Nepal fliegen. Was, um Gottes willen, machte ich in Bulgarien? Ich hatte vierzig Minuten Zeit, das war absolut nicht machbar, selbst wenn ich Flügel hätte. Meine Eltern und Schwester verstanden überhaupt nicht, warum ich besorgt, in Eile und komplett in Panik geraten war. Keiner kümmerte sich um mich. Keiner fuhr mich zum Bahnhof. Dann wachte ich auf, als der Wecker klingelte. Gott sei Dank war ich in Deutschland und musste meine Reisen nicht absagen. Ich gehe schon meinen Weg. Zuerst nach München, dann nach Nepal. Und den Engelsflügel-Anhänger, den ich heute mitnehmen wollte, vergaß ich unter meiner Bettdecke. Gott sei Dank ist mein Engelsflügel nicht verloren gegangen.

Wenn du deinem Schmerz tief in die Augen schaust

*Traum auf Teneriffa während ich krank war,
März 2020*

Ich befand mich in einem matschigen, dunklen Sumpfwasser, wo viele unreine Dinge herumschwammen, eigentlich sollte ich mich davor ekeln. Ging tiefer und tiefer bis ich auf einmal ein dunkles Riesenmonster, ein Aal, mit ganz großen traurigen, mitfühlenden Augen sah. Statt Angst zu haben, dass es mich verschlingen könnte, hatte ich fast das Gefühl, es umarmen zu müssen. In dem Moment rief mich meine Zwillingsschwester an, ich sah sie nicht. Ich ging trocken aus dem Wasser zu ihr in die Ferne, obwohl ich nicht wusste, wo sie sich befand.

Schau nur vorwärts und bleib nicht stehen, sonst wirst du überfahren

Traum auf dem Weg nach Deutschland aus allen Epizentren der Corona Krise, März 2020

Mein Freund und ich standen an einer lauten, mehrspurigen Straße auf unseren Fahrrädern. Von rechts kamen zahlreiche große, gefährliche LKWs und Autos. Die Ampel leuchtete grün für mich, aber eigentlich war sie rot. Im nächsten Moment sollten alle mit rasender Geschwindigkeit uns überfahren. Er blieb allein stehen, ich fuhr trotzdem los. Zu meiner Überraschung blieben die Autos alle stehen und warteten geduldig, so dass ich mit meinem gemütlichen Tempo und frohen Mutes, langsam, elegant und lebensfroh nach links abbog. Ich fuhr das Fahrrad mit dem linken Arm und hielt in der rechten Hand mehrere Luftballons in Weiß und Gold.

Das, was nicht wie Gold glänzt und was keiner haben will

Traum vom 07.04.2020

Ich hörte, dass ein Einbrecher kam und hatte Angst. Ich bewegte mich Richtung Fenster, bereit rauszuspringen. In dem Moment öffnete sich die Haustür und wen sah ich? Den jungen Mann, der mein Gold und Silber gekauft hatte. Ich rief: „Polizei, Polizei, Polizei!", laut und verzweifelt. Er schnappte sich meine Kleiderpuppe mit einem Designerstück daran und rannte hinaus.

Als ich vergaß, dass ich eigentlich selbst der Pilot war

Traum vom 20.05.2020

Ich stieg als letzte in einen kleinen Helikopter ein, der über Berlin kreisen sollte. Mein Sitz war ganz hinten links. Es gab zwei sichtbare Begleiter, aber der Pilot war nicht da. Es rüttelte und schüttelte und ich bekam Angst. Wo flogen wir überhaupt hin?

Der Flieger kehrte abrupt um, drehte sich um und wechselte die Richtung. Bald begannen wir zu landen, es schien mir sehr schnell zu sein. Wir waren direkt über einem großen kristallklaren blauen See und ich dachte, jeden Moment stürzen wir ins Wasser und das war's. Es passierte in der Tat: Der Pilot schien die Kontrolle zu verlieren und das Seewasser sprudelte rein ins kleine Flugzeug.

Unsere Sachen wurden langsam nass, ich dachte, wir würden ertrinken. In diesem Moment realisierte ich, dass alles gut war, dass wir sicher gelandet waren. Aus einem Kanal mit drei Stufen erhob ich mich allein aus dem Wasser, der Flieger war nicht mehr da, links und rechts schauten Menschen zu. Offenbar war es doch ein Unfall? Ich war aufrecht und heil.

Danach gingen wir ins Restaurant und feierten. Ich konnte mit keinem richtig sprechen und war immer noch im Schockzustand. Bestellte mir einen bunten Obstbecher, den ich vergaß. Ich ging ins Nachbarcafé um die Ecke und holte jemanden dazu, der eigentlich zu uns gehörte. In diesem Moment sah ich den Obstbecher unangetastet auf mich warten, die anderen waren nicht mehr da.

Ein verstecktes Licht brennt im Nachbarzimmer

Traum vom 09.07.2020

Ich war allein in einem Haus mit einigen vollen Zimmern zwischen Müll, Partyresten, meinen eigenen Sachen, die ich vergeblich versuchte zu sammeln. Draußen warteten zwei leere Busse auf alle, die mit dabei waren. Die Busse sollten uns irgendwohin (nach Hause?) bringen. Ich sah aber keinen darin. Niemand war da, nur im Nachbarzimmer schlief ein älterer Mann in Papas Alter. Zur Not konnte ich da allein übernachten und zu ihm gehen. Er würde mich fahren und mich versorgen.

Auch mein Freund hatte sich auf die Socken gemacht. Er war mit mir in einem Zimmer. Ich dachte, da liegt so viel von ihm rum, aber eigentlich war es nur Müll: Plastiktüten und verbrauchte Verpackungen, Flaschen, Essensreste. Seins hatte er schon mitgenommen und sich auf den Weg gemacht. Ich war da, um meine eigenen Sachen zu finden, während ich den Müll der anderen aufräumte, putzte und sortierte. Es war so schwer meins zu erkennen. Meine alten Zeichnungen neben Presseartikeln über meine Erfolge lagen in der hinteren linken Ecke, begraben zwischen allem, was drum herum war. Niemand hatte sie bemerkt, auch ich hätte sie beinahe vergessen.

Ich sammelte konsequent meine Utensilien in jedem Zimmer, tat alles in Tüten und Koffer, ohne Ordnung und

Struktur, und nahm es mit. Ich hatte einen extremen inneren Zeitdruck. Ich wusste, der Bus fährt um 19 Uhr 35 und wir hatten nur fünf Minuten zum Packen. Ich hatte die Sorge, dass der Bus ohne mich fahren könnte. Dass sie mich vergessen würden. Aber wo waren die anderen? Wer half mir? Auf wen konnte ich zählen? Warum haben sie mich da allein gelassen? Und warum blieb die Uhr stehen, als würde die Zeit gar nicht vergehen?

Sie haben sich alle hier amüsiert und ich musste deren Dreck aufräumen. Sie haben alle für sich gesorgt, haben ihren Transport pünktlich genommen, um nach Hause zu kommen. Ich wühlte da verzweifelt herum auf der Suche nach dem, was meins war, und voll innerem Stress, dass der leere Bus ohne mich fahren würde.

Der im Dunkeln im Nachbarzimmer schlafende Mann war aber da. Ich liebte den irgendwie und wusste, auf den ist Verlass. Zur Not kam ich zu ihm zurück und konnte da bleiben. Parallel sah ich das Gesicht meiner Chefin (ich hatte einen Nebenjob in einem Kimonoladen), sie war zweigeteilt (sie ist Zwilling als Sternzeichen). Die eine Hälfte war ihre, die andere war von ihrer gleichaltrigen Rivalin, über die sie permanent lästert, weil sie eigentlich in ihrer Position sein möchte. Ich dachte, hmmm, eigentlich mögen sie sich nicht, aber sind trotzdem eine Einheit. Meine Gesichtshälfte hätte eher zu ihr gepasst, wollte ich zu ihr sagen.

Liebe und/oder Sex?

Traum vom 16.07.2020

Mein Freund und ich waren allein in einer unpersönlichen, östlichen Stadt. Wir waren planlos, waren mit anderen Leuten unterwegs gewesen, in Hotels, wo es keine Übernachtungsmöglichkeit gab, es fehlte immer irgendwas, wir zogen weiter. Zum Schluss regnete es, er verschwand. Ich wartete lange auf ihn, allein im Regen draußen, es war kalt und ungemütlich. Bin dann zurück zu ihm hoch und sah ihn, wie er im Trockenen saß und so tat, als würde er arbeiten, vor einem leeren schwarzen Bildschirm, die Hose hatte er unten. Er hatte sich selbst befriedigt, weil bei uns nichts mehr lief. Der Raum war dunkel, voll mit sinnlosen Gegenständen, ohne Funktion, es war nicht sein Büro, nicht unser Zuhause. Ich habe einige Gegenstände genommen und sie auf ihn geworfen, angefangen zu schreien, ihn zu schlagen. Bin vor lauter Wut fast zusammengebrochen. Er wehrte sich, aber nur um sich zu schützen und sagte mir kaltblütig, dass er die Polizei rufen würde, die mich abholen sollte.

Mitten im Trubel ab und zu mal notlanden

Traum vom 29.08.2020

Ich saß in einem grauen, relativ kleinen Flieger zusammen mit anderen. Während des Fluges wurde mir bewusst, dass irgendwas nicht stimmte, dass wir notlanden würden. Der Flieger wechselte den Kurs, drehte und nahm eine neue Route. Mir war bewusst, dass nichts stimmte, aber ich hatte keine Angst. Er landete auf einer schmalen grauen Betonbrücke in einer Seitengasse, die über einem fließenden Bach oder Fluss gebaut worden war. Als wäre diese Stelle extra dafür gemacht worden. Das war mitten in einer großen Stadt. Wir waren raus, es gab keine Flammen, keine Verletzten. Ich habe meine Flasche Wasser im Flieger vergessen, stieg noch mal ein, um nach ihr zu suchen.

Leben in den Tod bringen

Ich lief an dem Pflegeheim vorbei, in dem Frau Kühn war. In dem Moment fiel mir ein, dass sie nicht mehr lebte. Dann sah ich einen Bestatter, der einen leeren Sarg mitbrachte. Wir beide gingen rein ins Pflegeheim. Er stellte den Sarg am Eingang hin. Ich setzte mich daneben. Ich hatte Angst, sie tot zu sehen, wollte mich aber verabschieden, also blieb ich. Dann brachte man sie und legte sie in den Sarg. Das Personal war auch da und meinte, sie würde ganz anders aussehen als gewohnt. Ich staunte. Sie war zuerst nicht lebendig, dann machte sie die Augen auf und schaute mich erstaunt an. Sie erkannte mich. Ich erschrak. Sie war doch nicht tot. „Aurelia." Sie sah verwandelt aus. War es möglich, dass sie wieder zum Leben erweckt wurde oder dass sie doch noch lebte? Das Personal schaute verblüfft und versuchte einen Grund zu finden: Ja, wenn Menschen gestorben sind, gibt es manchmal Momente, wo sie ganz lebendig wirken. Für mich war es so, als hätte sie gewartet, um sich von mir zu verabschieden. Ich sagte zu ihr: „Frau Kühn, Sie wissen, ich liebe Sie." Einige Male sagte ich das. Dann starb sie.

Der Schatzkoffer auf Weltreisen

Traum vom 15.11.2020

Ich kam von irgendwoher (Kathmandu?), stieg um irgendwo und wusste nur, dass ich in München landen würde, und meinen zweiten Koffer vermisste. Ich wusste nicht mehr, was darin war, aber es war wertvoll und ich wollte es wiederhaben. Wo war der Koffer bloß geblieben? Er war auf einer Strecke mit dabei und nun war er nicht mehr bei mir. Ich sah kurz meine Zwillingsschwester, sie half mir aber nicht den Koffer wiederzufinden, sie ging ihren Weg. Ich war wieder allein. Ich sah meine Eltern und Oma. Sie waren zusammen und hatten Pizza bestellt, auch große Stücke für uns. Unsere Plätze am kleinen Tisch waren leer. Am Flughafen in München sah ich einen Koffer, der meinem ähnelte, aber das war er nicht. Was war der Inhalt des Koffers und wo ist er bloß geblieben?

Wie Wut das Lebenspulver verschießt

Traum vom 16.11.2020

Verfolgung, Mord und Totschlag:
Ich befand mich auf einem Industriegelände, irgendwas wurde gefeiert, überall viele Menschen, alle in kleinen Grüppchen, die interagierten. Zuerst sah ich mich in einem kleinen Raum, sammelte einige meiner Sachen in einem kleinen Koffer und ließ ganz viel dort. Der Koffer verschwand, eine Besucherin, die mir zu nahe kam, hatte ihn irgendwo versteckt. Sie hat ihn wohl zur Verbrennung gegeben. Ihre Gründe verstand ich nicht. Wie konnte sie einfach so meine Sachen klauen?

Ich war in furchtbarer Hektik. Ein Flieger nach London sollte ganz bald gehen. Meine Familie wartete irgendwo auf mich, aber wo? Wie kam ich dahin? Wie gelangte ich hier hinaus? Mit allen meinen Sachen. Um mich herum so viele Menschen, keiner half mir, keiner setzte sich für mich ein, es verwirrte mich eher, sie störten meine Ruhe und Ordnung, die ich versuchte wiederherzustellen. Um 18 Uhr 45 würde meine Familie aufbrechen. Ich musste dann bei ihnen sein, wusste aber nicht, wie ich dahin kam und wie ich mich von der ganzen Menschenmenge befreien und endlich meine Sachen sammeln konnte.

Ich wurde körperlich aggressiv. Fing an, die Frau anzuschreien, anzuspucken, zu beschimpfen, an ihrem Gesicht zu kratzen. Sie blieb ruhig. Sie fing an, etwas zu zeichnen, Modezeichnungen in meinem Stil etwa. Ich riss ihr zwei kleine Stifte aus der Hand und steckte sie in meine Tasche. Das geschah ihr recht so. Sie blieb ruhig und besonnen, hatte etwas Schreckliches im Blick. Diese Ruhe quälte mich. Ich rannte weg.

Mein Geliebter war da und feierte mit seinen Künstlern. Ich versuchte die ganze Zeit, ihm aufzufallen, er beachtete mich nicht. Draußen war es dunkel. Es war fast sicher, dass ich den Flug nach London verpasst hatte. Meine schönsten zwei Lippenstifte fehlten auch.

Silberne Industrietreppe. Ich rannte hinunter, Hals über Kopf. Ich sah eine kleine Kosmetiktasche mit ätherischen Ölen in unterschiedlichen Farben. Unten wieder Party, unbekannte Menschen. Ich fühlte mich wie eine Verrückte, die vor sich selbst wegrannte. Da kam noch eine unbekannte Frau, schaute mich ganz intensiv an und versuchte, mich mit einer kleinen dünnen Waffe zu erschießen. Ich riss sie ihr aus der Hand, drehte die Waffe gegen sie und schoss. Es kam nur Luft und Dampf aus ihrem Mund. Nebenan standen die Künstler meines geliebten Galeristen in bunten Klamotten, fröhlich, umarmten sich alle ganz innig, und feierten. Er war weggegangen.

Selbstverantwortung ist die beste Altersvorsorge

Traum vom 29.11.2020

Meine Zwillingsschwester und ich saßen in der Kirche. Wir trugen sakral-liturgische Gewänder, die normalerweise nur Priester tragen dürfen. Wir waren zusammen mit einem kirchlichen Team Repräsentantinnen Gottes. Wir saßen ganz vorne und wurden kurz von den Älteren der Kirche der Gemeinde vorgestellt. Es war ein Job, den sie nur einer von uns angeboten hatten. Ich wartete auf den Vertrag.

Es war mein erster Tag. Ich war ganz schön aufgeregt. Vor dem Einsatz war ich rumgeirrt und ohne es zu merken, wurde ich da involviert. Ich hatte Angst. Ich sollte gleich vor allen Menschen predigen? Musste ich gar nicht. Es reichte aus, dass ich einfach nur da war. Neben meiner Zwillingsschwester. Ein Plüschtier im rechten Arm.

Einige der Besucher waren sehr aggressiv, redeten Unsinn, schimpften, verbreiteten Wut und Ärger. Sie gingen von allein, sie hielten die heilige Stimmung nicht aus. Ich musste gar nicht eingreifen. Wir beide waren in der Beobachterrolle. Ich hatte viele Gedanken im Kopf: Sollte ich nicht lieber einen einfacheren Job nehmen, der meine Existenz sicherte, zum Beispiel aufräumen und putzen in der Kirche, irgendwo nur kurz aushelfen gegen Geld, keine Priesterrolle. Damit ich meine Mode machen konnte. Und was war mit der Promotion? Nun war ich da reingerutscht.

Die Liturgie war schnell zu Ende. Wir standen als Letzte auf, nachdem das Volk aufgestanden war, und gingen schließlich ab. Plötzlich war es wie im Film. Ich hatte noch das Gewand an und einen Jutebeutel am Arm, da fehlte mein Geldbeutel. Meine Sachen waren irgendwo abgelegt worden, ich wusste nicht mehr, wo. Meine Zwillingsschwester war auch nicht mehr da. Da war eine Freundin von mir, wir liefen in dunkle Straßen, es war Abend und plötzlich waren wir umzingelt von einer Gruppe schwarzer Männer (Antifa oder Nazis). Ich bekam Todesangst. Ich versuchte die ganze Zeit die Polizei anzurufen. Sie waren zwar dran, hörten mich aber nicht, die Verbindung war schlecht. Ich wechselte die Richtung allein, die Freundin schaffte es nicht, sich zu befreien. Dann lief ich schnell zurück, ich landete in einer wunderschönen Straße. Der Name der Straße war deutsch, aber der Stil war südländischer. War das München, Spanien, Wien? Eine Mischung aus Einbahnstraße, Sackgasse und Durchgangsstraße. Da die Demo inzwischen überall war, musste ich weiter fliehen. Wohin? Die Polizei war überall, war aber mit anderer Kriminalität beschäftigt und konnte mich nicht in Sicherheit bringen. Ich musste selbst für mich sorgen.

Das Flugzeug, das
auf mich wartete

Ich und meine Zwillingsschwester waren auf einer Ausstellung über Textil, Kunsthandwerk und Design, die trotz Corona stattfand. Ich hatte einen eigenen Stand und sie war dafür da, sie zu unterstützen. Die Stände waren wie Käfige, ähnlich wie im Bikini Haus. Ich hatte vergessen, meine Klammer einzupacken, wollte aber die Zeichnungen nicht zerstören, also suchte ich nach Alternativlösungen. Plötzlich tauchten andere Klammern in allen Größen auf, sie waren nicht einheitlich, hätten aber auch genützt.

Meine Schwester machte alles, was ich sagte. Sie sollte mir beim Bügeln helfen. Die Kleider waren im Koffer eingepackt. Sie hat sich mit einer Freundin von mir verquatscht, die ich ihr vorgestellt hatte. Beide umarmten sich und erzählten sich intime Geschichten. In einem dunklen Raum lag ein Mann und neben ihm Martenizi, das ist traditioneller bulgarischer Schmuck. Es war noch zu früh dafür, Martenizi trägt man ab dem ersten März.

In der Zwischenzeit mussten wir einen Flieger nehmen, aber wohin? Wir hatten Gott sei Dank die Plätze nebeneinander. Als letztes stieg eine ältere Frau mit einem Baby auf dem Arm ein, sie war die Mutter. Ich dachte mir, neben uns ist noch Platz. Blieb der Platz neben uns frei? Der Flieger war schon über den Wolken und stoppte. Irgendetwas wurde erklärt, es gab keine Gefahr. Ich sah den Vulkan Teide im Schnee. Meine Zwillingsschwester und ich stiegen aus dem Flugzeug aus, aber wie? Plötzlich waren wir an einem Busbahnhof, es gab sehr gefährliche Kurven, in denen wir die entgegenkommenden Busse fast übersehen hätten. Wir waren aber in Sicherheit.

Einige Männer hielten uns auf und fragten uns, was wir hier suchten. Ach, wir wollten nur eine Pause einlegen, nachdem der Flieger in den Wolken war und sich nicht weiterbewegte. Wir stiegen wieder ein. Wollten auf Toilette. Der eine war Polizist. Er hatte mich mit einem Gerät gescannt. Irgendetwas hätte ich dabei, was nicht erlaubt sei. Dann durften wir doch gehen. Ich drängelte wieder, dass wir den Flieger verpassen würden. Meine Schwester ging los, ich kam nach. Zurück zum Flieger, der war schon ganz weit weg. Ich sah sie, wie sie in ein Auto einstieg, wie sie auf mich wartete, dass wir losfuhren. Sie hatte eine neue Lösung gefunden.

Wenn man gegen die Angst rebelliert, wechselt sie ihr Gesicht

Ob es eine Schlange war oder nicht, sie nahm verschiedene Formen und Gesichtsausdrücke an. Ich hatte sehr viel Angst. Ich wusste nicht, ob sie gefährlich und giftig war. In dem Moment, in dem sie sich mir näherte, fing ich an, mich zu wehren und schwupps änderte sie ihre Form. Sie transformierte sich in ein anderes Tier. Ich wusste, es war trotzdem immer noch eine Schlange. Sie hatte mich mit ihrer Anwesenheit vereinnahmt. Ich hatte panische Angst um meine Existenz. Irgendwann habe ich ein Gewehr genommen und sie laut erschossen, sie verschwand für immer.

Wenn Trennungen schmerz-voller als der Tod selbst sind

2. Traum

Wir waren in Omas Wohnung in Oryachovo. Ich hatte sehr viele Gegenstände in verschiedenen Zimmern verteilt. Wir mussten gehen. Wir mussten alles in Koffern sammeln und irgendwohin fliegen. Mein Freund war an meiner Seite. Wir warteten auf ein Taxi. Er hatte einen Flug für uns gebucht, aber nur mit Handgepäck. Mein Opa wollte uns fahren. Gott, wieso habe ich so viel Gepäck? Ich sammelte alles ein und fand trotzdem hier und da mal immer wieder etwas Neues. Das Gepäck wurde immer schwerer. Ich wollte mich von Oma nicht trennen. Sie bekam eine Liebeserklärung von mir: Wie sehr sie mir fehlen würde, sie hat mir so unendlich viel gegeben. Es wurde ihr warm ums Herz, sie lächelte mir sanftmütig zu, sie war ruhig. Sollte ich etwas vergessen, würde ich zurückkehren, um es wiederzuholen. Es würde aber kein Zurück mehr geben. Ich wollte mich nicht trennen. Ich wollte nicht fliegen. Sie hatte schon längst Symptome gehabt. Sie hatte versucht, sie zu verstecken, um so natürlich wie möglich zu gehen. Eine jüngere Freundin von ihr erwähnte, dass Oma sogar versucht hatte, sich zu vergiften.

Viva la Virgen de Candelaria! ¡Viva la Patrona de Canarias! ¡Viva La Morenita!

Traum vom 08.07.2021

Ich fragte weinend die Heilige Gottesmutter Maria: „Bitte schick mir ein Zeichen, bitte schick mir eine Botschaft.“ Im Halbschlaf sah ich die Nuestra Seniora de Candelaria wie sie mich mit ihrem prachtvollen Brokatmantel bedeckte, ohne ihren eigenen auszuziehen. Ich hatte das Gefühl von Schutz, Trost, Zuversicht. Ich schlief ein. Und dann sah ich mich mit meinem Partner in einem Lokal sitzend, wir aßen und tranken, unterhielten uns, stritten, heulten, ich versuchte ihn festzuhalten, irgendwann beruhigte er sich, ich erzählte vom Loslassen. Die Rechnung kam, er bezahlte für uns beide. Neben uns ein Aqualand mit Leuten, die Spaß hatten im Wasser, eine Unterhaltungserholungsoase.

Es gab mehrere Geschäfte. Wir stöberten zusammen. Ich schaute in jede Ecke, suchte etwas. Dabei vergaß ich, dass ich meine Tasche vergessen hatte. Er wartete auf mich und suchte mich. Irgendwann kam die Bedienung auf mich zu und zeigte mir, dass meine Wertsachen in meinem persönlichen Wanderrucksack aus Teneriffa sichergestellt worden waren. Den hatte ich doch gar nicht dabei gehabt. Woher kam er, mein Geld war da, Handy, Schlüssel auch, nichts war verloren. Es war bloß nicht

mehr in der braunen Samttasche mit einem Kanarien-
vogel aus Pailletten, ein Geschenk von meinem Freund.
Ich fing an, die Tasche an jeder Ecke verzweifelt zu
suchen, irgendjemand schien sie geklaut oder versteckt
zu haben. Aber meine Wertsachen waren da, in meinem
eigenen Teneriffa-Wanderrucksack. Und er war auch da
und wartete auf mich.

*Der Madonnenschutzmantel ist eigentlich die Patchwork-
decke meiner Oma, die mich aus der größten Not meines
Lebens rettete, als ich mein komplettes Einkommen in
der Corona-Krise in eine Wohnung mitten im Atlantik
steckte. Schlimmer war aber der Liebeskummer. Den
heilte ich durch das Nähen der Patchworkdecken, die
zu Schutzmänteln meiner Role Models auf der Paris
Fashion Week wurden.*

Manche Menschen unterschreiben unsichtbar Verträge für einen

Traum vom 18.09.21

Ich war in eine etwas größere Luxuswohnung umgezogen. Mein Freund hatte den Vertrag unterschrieben. In der Wohnung waren nur meine Sachen. Ich merkte plötzlich, dass ich mich gar nicht wohl fühlte, es war wie im fremden Leben zu sein. Ich bekam Panik, zumal ein unbekannter Flüchtling eingedrungen war und in meiner Waschmaschine einen Pulli von mir angezündet hatte. Ich versuchte, ihn rauszuschmeißen, hatte mit der Polizei gedroht, bei den Nachbarn geklingelt. Er war irgendwann weg und drohte mir, mich auf der Straße wieder zu schnappen. Ich bekam Angst in der Wohnung zu sein und kapierte, dass es gar nicht meine Entscheidung gewesen war, sie zu beziehen. Beim genaueren Hinschauen sah ich, dass sie sehr schön und voller Luxus war, ein Loft. Sie lag im ersten Stock, ein Parkplatz vor der Tür. Jeder könnte hier hereinspringen. Ich wollte nur weg, zurück in die Gormannstraße, aber es gab keine Option. Versuchte mit meinem Freund zu verhandeln, er hatte den Vertrag unterschrieben für meine neue Wohnung, in meinem Namen.

Der Kampf um den Raum

Ich schlief allein in meiner Wohnung, auf einmal wachte ich auf. Mein Partner war wieder da, er hatte sich wieder hereingeschlichen, obwohl die Tür fest verriegelt war. Wie war das möglich? Die Wohnung hatte er eigenständig neu organisiert, ohne mich zu fragen, solange ich schlief. Ich wachte in derselben Wohnung auf, nur die Möbel waren anders platziert. Zweifelte an meiner Wahrnehmung, ob das alles stimmte, ob ich träumte, ob ich es selbst getan hatte und vergessen hatte. Den Küchentisch hatte er rausgerissen, auf den Kopf gestellt und unter einen Blumentopf gestellt. Es war also gar kein Küchentisch mehr. Ich sah dann meine Eltern, wie sie sich über ihn aufregten.

Als ich die Verantwortung abgab und mich somit in die größte Abhängigkeit begab

2. Traum

Ich hatte den Führerschein. Mein Auto, ich wusste es nicht zu steuern, es fing an zu rollen. Ließ zwei Jungs herein (Touristen), ich hinten, sie vorne. Sie steuerten mein Auto und fuhren irgendwohin. Der eine will was von mir. Wie konnte es sein, dass ich ein Auto besaß, das gar nicht meinem Geschmack entsprach, dass ich fremde Leute da rein ließ, die einstiegen, mich irgendwohin fuhren, ohne Richtung und Ziel, dass sie mein gefährlich rollendes Auto stoppten.

Blondinengespräche

Träume vom 28.12.2021
1. Traum

Mein Freund, eine unbekannte blonde Frau mit langen Haaren und ich. Zuerst dachte ich, dass sie was mit ihm hatte. Das stimmte nicht. Wir drei lagen auf einem Bett, er stand auf und ich auch. Er ging mir hinterher. Ich klappte eine Schlafcouch zusammen und legte mich darauf. Ich drehte mich mit dem Rücken zu ihm um und deckte mich mit meiner selbstgenähten Decke zu. Er saß neben der Couch auf einem Stuhl, den Kopf auf den Ellenbogen auf den Knien gestützt, mit dem ganzen Körper zu mir gewandt und starrte mich an. Er war im Theater verabredet um halb sechs. Er sagte zu mir: „Mit dir konnte ich mich wenigstens gut über Intellektuelles unterhalten."

Selbst ohne Schutz bleibt das Wertvollste sicher

Ich war zurück in meinen alten Laden in die Gartenstraße gezogen. Er sah aber von innen ganz anders aus. Zu viele Dinge durcheinander, die sich überlappten. Es tauchten immer wieder neue Leute auf, eine Frau versuchte, mir zu helfen, etwas Ordnung reinzubringen. Die neue Ordnung ergab aber keinen Sinn. Dann sah ich mich mit meinem Freund am Rosenthaler Platz, ich saß auf seinem Schoß. Er bekam eine Erektion davon. Er konnte und wollte sie nicht unterdrücken. Um uns herum viele Leute, die vorbeieilten und uns anschauten, er wollte sich nicht verstecken. Als hätten wir Sex durch die Klamotten. Ich hatte keine große Lust, machte aber mit. Irgendwann standen wir auf und verabredeten uns, um später zusammen essen zu gehen. Er musste woanders hin.

Unsere Wege trennten sich kurz. Ich merkte, dass ich kein Geld dabeihatte, wollte nicht vor ihm stehen ohne Geld und mich einladen lassen. Stellte fest, dass mein Geld und meine Wertsachen im Laden geblieben waren. Jetzt musste ich den Weg zurückfinden. Wir beide würden uns gleich wieder treffen. Ich verlief mich total. Es ging den Berg hoch, es war alles anders, ich fand die Straße nicht, nahm einen Umweg. Fragte eine Frau, wo ich war, und merkte dabei, dass ich mich nicht mal an die Namen der Straßen erinnern konnte. Als wäre das in einem anderen

Leben gewesen. Irgendwann erinnerte ich mich daran, wie ich wieder zurückkam, ich nahm aber einen Riesenumweg. Der führte teilweise durch ein Restaurant, wo ich über Tische springen musste, um wieder herauszufinden. Ich musste mich beeilen und zurück zum Laden zu gehen, wo meine Wertsachen waren. Sie waren nicht eingeschlossen, denn ich hatte keinen Schlüssel mehr. Trotzdem wusste ich, dass meine Sachen sicher waren und dass ich sie wiederfinden würde.

Die Sonne darf auch nur für uns allein scheinen

Berlin Tiergarten. Ich fuhr auf dem Rad auf einer licht-durchfluteten Parkwiese, darum herum standen Bäume, sie umrandeten die Wiese, grenzten sie ab, beschütz-ten diesen Ort. Hinter den Bäumen dunkel-bläuliche, bedrohliche Donnerwetter-Regen-und-Sturm-Wolken. Ich schaute durch den einen Baum hindurch und sah die Sonne wie eine runde, helle Kugel, die durch diese dicken Wolken nur für mich hindurch schien. Ich war hier ganz allein und beschützt, wollte aber rausrennen.

Eine weiße Leinwand

Traum vom 12.03.2022

Oma im Gespräch mit dem verstorbenen Opa, der bereits im Himmel war. Sie ging durch den Raum und drehte alle Gemälde an der Wand um, so dass man die Rückseite der Bilder, eine weiße Leinwand, sah.

Die unbekannte Gefahr

Traum vom 16.03.22

Ich saß neben einem Mann (Papa?), vor seinen Füßen lag eine schwarze Plastiktüte, irgendetwas bewegte sich darin. Es waren mehrere Schlangen in der Tüte, er machte mich darauf aufmerksam. Ich sah sie nicht, glaubte ihm das aber, sie bewegten sich immer mehr Richtung meiner Füße. Rechts neben mir saß meine Zwillingsschwester. Die schwarze Tüte mit den Schlangen bewegte sich auch in ihre Richtung.

Das eigene Glück sabotieren

Traum vom 08.06.22

Ich stieg in einen ICE ein und sagte der Kontrolleurin, dass ich eigentlich kein Ticket für diesen Zug hätte, ob ich trotzdem weiterfahren darf. Ich bestand drauf, dass ich kein Ticket hatte und dachte, sie würde mich rausschmeißen. Sie lächelte mich ruhig an, zwinkerte, drückte ein Auge zu. Ich bekam ein Luxusabteil und durfte mir aussuchen, wo ich mich hinsetzte, es gab auch Schlafabteile. Alles leer und luxuriös. Die Frauengruppe, mit der ich am Bahnsteig zusammen gewartet hatte, war nicht mehr bei mir. Sie waren in einem einfacheren Abteil? Zum Schluss sah ich die Kontrolleurin, wie sie aus dem Zug ausstieg, um Fahrgästen, die fast den Zug verpassten, die Möglichkeit zu geben, in letzter Minute einzugsteigen. Ich sah mich am Bahnsteig mit ihr zusammen, ein verlassener, ungemütlicher, dunkler Bahnhof. Ich ging um die Ecke, um zu schauen, ob nicht jemand die Treppe hochstieg. Das wäre die Arbeit der Kontrolleurin gewesen. Würde ich selbst den Zug deswegen verpassen?

Zwischen 2022 und 2083 holte das Leben Aurelia aus ihren Träumen heraus. „Oh, war das alles wohl nur ein Traum?", flüsterte ihre innere Stimme. Letztendlich macht es keinen großen Unterschied. Die Wirklichkeit zerstört jeden Traum, der gelebt wird. Und die ungelebten Träume, was ist mit ihnen? Sie werden in einer anderen Dimension neugeboren. Manche Träume bleiben dennoch bewusst ungelebt. Ist das Leben dann vorbei, wenn jeder Traum gelebt wurde? Das Leben fängt doch erst damit an.

ÜBER PAULINA TSVETANOVA

Paulina stürzt regelmäßig in Langstreckenflugzeugen ab, überlebt sie aber trotzdem, dank Fernweh und Sehnsucht nach der Heimat. Sie ist dort zu Hause, wo sie gerade ist. Sie vertraut blind dem (glücklichen) Zufall. Wenn sie nicht Bücher schreibt, schleppt sie Koffer mit Übergepäck, in denen sie Stoffe aus exotischen Ländern schmuggelt. Die Stoffe erzählen eine Abenteuergeschichte, an die man sich am Sterbebett erinnern kann. Dafür scheitert die promovierte Kunsthistorikerin regelmäßig an den banalsten Dingen im Alltag und darf sich inzwischen Chaosexpertin für Fuck-ups nennen. Sie ist bereits mehrere Tode gestorben. Die ehrenamtliche Sterbebegleiterin gründete aus Lebenshunger PAULINA'S FRIENDS. Nach einigen Umwandlungen wurde aus der Zufallswerkstatt, anfangs ein Concept Store für zeitgenössische Kunst, Design und Vintage Mode, ein internationales Mode-Couture-Haus. Wie alles anfing? An einem grauen, verregneten Nachmittag setzte sich Paulina mit einem weißen Blatt Papier hin und stellte sich drei einfache Fragen: Was liebe ich am meisten? Wofür bin ich da? Warum will ich leben? Seitdem lebt Paulina kompromisslos ihren Kindheitstraum, Modeschöpferin zu sein. Sie empowert Frauen, indem sie sie auf großen Modebühnen in Role Models verwandelt und setzt sich mit Herzblut für Humanität in der Modeindustrie ein.

Links:

Website: www.paulinasfriends.com

Online Shop: https://paulinasfriends.
myshopify.com/

Facebook: https://www.facebook.com/
paulinasfriends

Instagram: https://www.instagram.com/
paulinasfriendsfashion

Youtube: https://www.youtube.com/Paulina
Tsvetanova